DE EMPLEADO A EMPRENDEDOR

ENTRENA TU MENTE

DE EMPLEADO A EMPRENDEDOR

INDICE

¿Qué mentalidad tienes? **5**

Examinando El Sueño **14**

Aprenda a escuchar a los clientes **25**

Sea un buen proveedor **31**

Encuentre un mentor y un entrenador **37**

Pensamientos finales **51**

DE EMPLEADO A EMPRENDEDOR

¿Qué mentalidad tienes?

Muchos propietarios de pequeñas empresas y emprendedores se iniciaron como empleados. Trabajaban para otra persona. La cuestión es que, si usted ha sido un empleado durante años, puede ser difícil sacudirse de los lazos de la mentalidad del empleado.

¿Qué significa esto?

Si usted tiene una mentalidad de empleado, es más probable que busque a otras personas para que le digan qué hacer. Le resultará difícil asumir la responsabilidad por el éxito y el fracaso de su esfuerzo.

Como empleado, usted no tiene voz ni voto sobre cómo se ejecuta el negocio. Sólo trabajas duro para demostrar tu valor para poder seguir trabajando.

¿Cuál eres tú?

Si usted es un empresario o dueño de un negocio, piensa de manera muy diferente. Esencialmente, la responsabilidad se detiene (y comienza) con usted. Usted es responsable del éxito y el fracaso de su esfuerzo. Y tú eres el que toma todas las decisiones importantes (¡incluyendo a quién designar para que tome las decisiones más pequeñas!).

Para descubrir si estás pensando como un empleado o un empresario, haz esta rápida prueba:

- ¿Sus tareas/responsabilidades se limitan a un subconjunto de lo que se necesita para que su negocio prospere?

- ¿Basa su estilo de vida en sus ingresos? Si se produce un contratiempo económico, ¿se reduce el presupuesto para adaptarse a la reducción de los ingresos?

- ¿Busca constantemente asesoramiento externo para tomar decisiones incluso en el día a día?

Si usted respondió "sí" a la mayoría de estas preguntas, lo más probable es que tenga una mentalidad de empleado. Aquí está la razón por la que aquellos con mentalidad emprendedora responderían "no".

¿Sus tareas/responsabilidades se limitan a un subconjunto de lo que se necesita para que su negocio prospere?

Los empresarios entienden que ocasionalmente tienen que hacer cosas en su negocio que están "por encima" o "por debajo" de su nivel de competencia. Su actitud mental es si tiene que lograrlo, lograrlo y no son contrarios a meterse en la manga y ensuciarse los brazos.

¿Basa su estilo de vida en sus ingresos?

Los empresarios tratarán de desarrollar su negocio, ampliar su línea de productos y ampliar sus servicios cuando se produzcan contratiempos económicos. No se dejan ser o seguir siendo víctimas de las condiciones fiscales.

Si se produce un contratiempo de dinero, ¿se reduce el presupuesto para acomodar la reducción de los ingresos?

Los empresarios envían primero los pagos para sí mismos. Se centran en traer el dinero que apoya el estilo de vida que quieren e invierten el resto en su negocio. Dicho esto, también conocen y aceptan los efímeros sacrificios que pueden ser necesarios para alcanzar una meta.

¿Busca constantemente asesoramiento externo para tomar decisiones incluso en el día a día?

Los empresarios manejan su tiempo y asumen la responsabilidad de sus acciones. Si bien es posible que busquen mentores que los guíen hacia un crecimiento expandido, ellos tienen el control de sus acciones cotidianas y no necesitan que alguien más les diga lo que deben lograr o los impulse a lograrlo.

Veamos algunas diferencias más

Mentalidad del lunes

- Los empleados temen el lunes. (O, cualquiera que sea el día de inicio de su semana laboral.)

- Los empresarios no se ven obligados a trabajar durante una semana. Se acercan cada día como una oportunidad diferente para ir tras sus sueños.

No es mi mentalidad de problema

- Los empleados tienen esta mentalidad de que ven todo lo que hay en el trabajo, ya sea que sea su problema o no.

- Los empresarios ven todo como su deber, ya que son dueños de lo que está sucediendo en su negocio.

Mentalidad de VIERNES (Gracias a Dios que es viernes)

- Los empleados están siempre a la espera de sus días libres.

- Los empresarios siempre están buscando formas de ampliar su negocio incluso cuando no están "trabajando", están considerando formas de ampliar su talento empresarial. ¡Están deseando que llegue cada día!

¿Cuándo voy a recibir un aumento de mentalidad?

- Los empleados piensan que los aumentos deben venir de acuerdo con el calendario, en lugar de hacerlo de acuerdo con su trabajo.

- Los empresarios rara vez consideran cuándo recibirán un aumento. Se dan cuenta de que cuanto más trabajen para ayudar a otras personas, mayor será su recompensa.

Oh no, ¿qué pasa ahora con la mentalidad?

- Los empleados se reúnen con una mentalidad de "oh no".

- Los empresarios se reúnen con una mentalidad de cerebro. Se dan cuenta de que de estas reuniones salen excelentes ideas.

Hay muchas más mentalidades que podemos comparar. De hecho, si a usted le han venido a la mente unos cuantos al leer esto, escríbalos

Examinando El Sueño

Hay muchos empleados que anhelan ser sus propios jefes, pero que temen lo que el futuro podría depararles si fueran dueños de negocios. Me gustaría aconsejar que si usted está entre esos individuos, ¡haría bien en convertirse en un gran empleado primero! Pasé muchos años como empleado y se me encontró constantemente como un empleado modelo.

Mis jefes empresarios me daban constantemente altas evaluaciones. Al repasar la lista de mentalidades de los empleados, puedo decirles francamente que yo no tenía esas mentalidades. Yo era un gran empleado!

Si usted tiene un deseo de estar por su cuenta un día, yendo tras sus sueños como empresario, usted puede comenzar ahora. Enfoque su ocupación como si fuera el dueño de la compañía en la que trabaja.

Llevar ese espíritu de propiedad lo recompensará en el trabajo y lo preparará para el día en que pueda dedicarse a su propio negocio. Puedes ser un empresario mientras sigues trabajando. Tener este espíritu te excitará a ir tras tus propios esfuerzos cuando no estás en el reloj de tu empleador.

Mente positiva y productividad

Pasas alrededor de un tercio de tu vida en el trabajo. Si lo estás gastando con individuos negativos, puede que realmente te afecte y te deprima.

Al detener los pensamientos negativos a medida que entran en sus oídos y no dejar que avancen en sus pensamientos, estará haciendo una gran parte del trabajo para mantenerse positivo en una situación negativa y desarrollar sus habilidades empresariales. Aquí hay maneras de evitar que situaciones horribles en el trabajo te atasquen.

Poseer una vida fuera de tu trabajo

Mantenga conocidos que tengan un buen conocimiento de la realidad y con quienes pueda compartir una vida que no tenga nada que ver con el trabajo que hace. Negarse a hablar de su trabajo fuera de las horas de trabajo, particularmente si el ambiente es tóxico, excepto cuando se trata de ideas para su propio negocio.

Reconozca que la mayor parte de lo que sucede en el trabajo y la mayor parte del negativismo, incluso el que se dirige a usted, no se trata de usted.

Piensa en el estrés al que se enfrentan tus colegas en el trabajo, en casa y en sus vidas personales y comprende que están proyectando y desplazando su enojo hacia ti y hacia otras personas a tu alrededor también. Recuerde que el trato con las personas es crucial para ser un empresario.

Niéguese a dejar que la adicción al trabajo, las ambiciones y la conducta egoísta de sus colegas se filtren en su sistema.

Es fácil empezar a dejar que la conducta negativa se introduzca al estar de acuerdo con las perspectivas o al tomar partido. Más bien, elijan elevarse por encima de todo permaneciendo neutrales.

Defiende tus pensamientos; tarde o temprano se convertirán en tu realidad.

Asegúrese de que el negativismo a su alrededor no siga jugando en su cabeza. Ponga música en su escritorio a un volumen razonable si cree que le ayuda a centrarse. Tome descansos para recoger sus pensamientos. Mantenga recordatorios favorables en citas e imágenes alrededor de su espacio de trabajo sobre lo que está tratando de aprender y lograr.

Piense realmente en sus opciones para

comenzar su viaje como empresario.

Algunos jefes pueden ser emocionalmente abusivos; si el entorno de la compañía no parece que vaya a cambiar, evalúe si este es realmente el mejor lugar para usted y las formas en que puede empezar su propia empresa pronto.

Usted pasa más de ocho horas al día en su escritorio haciendo malabares con llamadas, correos electrónicos y correspondencia. De todas formas, la pila de papel en tu desordenado escritorio sigue creciendo más alto, comes más en la oficina que en casa y aún así apenas cumples con las fechas límite.

Descubra formas de mantenerse alejado de las trampas de tiempo y de mejorar los procedimientos existentes para ser no sólo más productivo en el trabajo, sino mucho menos estresado y para desarrollar habilidades que puede utilizar en su propio negocio.

Fíjese en los que pierden el tiempo

Los culpables estándares son la mensajería instantánea, la navegación por Internet, las llamadas personales y los chismes con colegas. Los minutos invertidos en estas direcciones erróneas pueden convertirse en horas de pérdida de tiempo y de productividad. Determine los límites de estas acciones y descubra maneras de terminar cortésmente las conversaciones.

Limite las distracciones y las interrupciones

Programe tiempos para hacer un seguimiento y responder al correo, correo electrónico y correo de voz. Si es posible, apague los programas de mensajería instantánea y no responda a llamadas personales mientras trabaja en otras tareas.

Coordinar y priorizar

Si busca constantemente elementos en su escritorio desordenado, dé tiempo para organizar los archivos, las herramientas y el equipo. Guarde los archivos en papel y electrónicos en carpetas marcadas. En su PC, cree accesos directos y favoritos para ayudar a encontrar elementos de forma rápida y sencilla.

Utilice un único calendario portátil para realizar un seguimiento de todas las reuniones, fechas y plazos.

Producir un horario para comenzar y terminar una tarea dada y ceñirse a ella. Iniciar y terminar las tareas a tiempo. Una lista diaria o semanal de "cosas por hacer" también puede ser una herramienta útil para mantenerse en el camino correcto y seguir siendo productivo.

Sea sincero consigo mismo acerca de sus fortalezas y debilidades y luego presupueste tiempo y trabajo de acuerdo a ello. Puede ser útil hacer las cosas que menos le gustan primero, ya que pueden consumir más tiempo y es más probable que termine actividades más interesantes.

Componer las agendas de las reuniones y

permanecer dentro del tiempo asignado.

Las reuniones ineficaces que llegan tarde son una gran causa de pérdida de productividad.

Al tomar notas, anote toda la información clave, como la fecha, la hora, los asistentes, los elementos del programa y los elementos de acción. Esto podría ahorrar bastante tiempo para adivinar más tarde. En caso de duda, documente.

Aprenda a utilizar nuevas y mejores herramientas para realizar su trabajo e invierta un poco de tiempo en aprender a utilizar las herramientas existentes de manera más eficiente.

Descubra un entrenador o mentor o tome una clase de administración del tiempo, estrategias organizacionales y comunicación empresarial productiva.

Tome descansos

Esto puede parecer contradictorio cuando se está inundado. De todos modos, el "momento crucial" es cuando es aún más importante mantenerse despejado y centrado. Es fácil cometer errores y cuando se siente inundado. En realidad, el horario irrumpe en tu día si es esencial. Incluso un corto paseo por el edificio puede despejar su mente y reducir el estrés, lo que promueve la productividad.

Aprenda a escuchar a los clientes

Observe y aprenda de su gente con la que trabaja porque ellos frecuentemente demuestran los hábitos que usted necesita tener cuando está viviendo la vida de un empresario, como por ejemplo, cómo escuchar a los clientes.

Fíjese en lo que la gente quiere

Hay mucha discusión sobre escuchar estos días. Escuchar es una de las habilidades más importantes que puedes aprender. Si usted es capaz de detenerse y escuchar a sus clientes, usted es capaz de allanar el camino hacia el éxito empresarial continuo.

Escuchar exige prestar atención y reaccionar a las necesidades y deseos de los clientes. Si quieres tener tu propio negocio, tienes que practicar el arte de escuchar activamente.

No es suficiente reaccionar ante los clientes. Hay que ser capaz de anticiparse a sus necesidades. Escuchar a los clientes se trata de colocar a su empresa para que sea la respuesta a las necesidades del comprador, idealmente antes de que incluso pregunten.

Escuchar es también involucrarse con sus clientes. Esto incluye realmente pasar tiempo con ellos, explorar cosas que son importantes para ellos, estudiar revistas y libros que están escritos para ellos, y ser una autoridad en las cosas que les importan.

Su negocio debe tener un cliente ideal. Este es

el prototipo del cliente perfecto para usted. Necesita atraer a este tipo de clientes, y cuantos más clientes se ajusten al ideal, mejor. Por lo tanto, se suma que este es el tipo de cliente al que debería prestar atención.

Un cliente es alguien que le ha comprado a usted o a la compañía para la que trabaja, pero también es alguien que puede comprarle a usted. Usted debe tratar a los clientes, prospectos y al público en general con el mismo respeto. De todos modos, deberías dedicar tu tiempo a escuchar a las personas que más quieres como clientes.

La escucha puede (y debe) ocurrir en cualquier lugar. Dicho esto, usted puede perfeccionar su escucha utilizando herramientas y estrategias particulares.

Fuera de línea, usted debería estar conduciendo encuestas a los clientes y simplemente estar saliendo y hablando con los clientes y la gente. Vaya a ferias y conferencias a las que también asistan sus clientes ideales. Si no hay ninguno en su área, comience uno.

A medida que crezca su experiencia, tal vez quiera pensar en hacer algunas presentaciones. Esta es una manera increíble de conocer gente y de hacer que los individuos te cuenten sobre los problemas que enfrentan.

En línea, las aperturas son interminables. Puedes escuchar en Twitter con la ayuda de Twitter Search. Usted es capaz de rastrear palabras y frases clave a través de la red utilizando las Alertas de Google.

Los foros son un gran lugar para escuchar. Usted también puede producir sus propios mensajes de escucha con un blog o podcast. Claro, se trata de ti hablando, pero también te obligará a explorar y aprender sobre tus clientes. Y usted es capaz de fomentar el diálogo y los comentarios de los lectores.

Asegúrese de escuchar donde los clientes están hablando. Si usted será capaz de averiguar dónde se congregan los clientes ideales, en línea y fuera de línea, entonces usted también tiene que estar allí.

La escucha activa le ayudará a comprender y conectar mejor con sus clientes. Facilitará las ventas y el marketing, ya que podrá posicionarse justo entre el cliente y la necesidad.

Convertirse en un gran oyente también lo

hará querer a las personas a las que desea llegar. A todo el mundo le encanta que lo escuchen. Así que cierre esa trampa, guarde esa hoja de ganancias y pérdidas por un minuto y comience a explorar el mundo de sus clientes.

Sea un buen proveedor

Todos aportamos valor en el lugar de trabajo, ya sea por el trabajo que inyectamos como empleados, o con los productos y servicios que vendemos en nuestro negocio.

Una gran revisión de desempeño puede no ser suficiente para garantizar una promoción o incluso para mantener su línea de trabajo. Además, un producto o servicio de alta calidad puede no ser suficiente por sí solo.

Dar la primera mentalidad

El valor está en el ojo del observador (piense en cuánto más puede pagar por un paraguas en un día de ducha). Los trabajadores con los que es fácil llevarse bien y confiables con las tareas serán más útiles para su gerente que alguien que produce estrés en las reuniones de equipo y que regularmente no cumple con los plazos de entrega.

Además, un producto será más útil para un consumidor si su persona famosa favorita lo respalda, si está a la venta o si incluye un bono contribuido.

Al mismo tiempo, nos estamos volviendo insensibles a los anuncios; hemos llegado a ser cautelosos con las ofertas de bonos, los aumentos de ventas y los complementos. Buscamos la autenticidad; eso es lo que valoramos hoy en día.

Dada la creciente rivalidad en el mercado

laboral, los trabajadores tienen que establecer su valor para la empresa con el fin de conseguir y mantener sus líneas de trabajo, así como para avanzar a posiciones más altas y adquirir clientes cuando se trata de tener una mentalidad emprendedora.

Muchos consumidores se sienten azotados y preocupados y guardan sus compras con cautela. Por otro lado, estamos en medio de una inundación virtual de ofertas de ventas (no hay déficit allí).

Los consumidores están eligiendo los productos y servicios que consideran más útiles. Es absolutamente necesario maximizar el valor percibido de lo que se ofrece. Pero usted también necesita apoyarse a sí mismo y a sus seres queridos. Entonces, ¿a qué te dedicas?

Busque cosas que pueda añadir a sus productos y servicios que no le cuesten mucho pero que sean realmente útiles, por ejemplo, un libro electrónico descargable o un CD adjunto.

Acérquese a alguien que tenga un negocio complementario que brinde servicios a su mercado y pídale que aporte un producto o servicio adicional. Es un ganar-ganar, ya que ellos adquieren la exposición a sus clientes y usted obtiene el valor extra por su oferta.

Añada valor a su producto o servicio incluyendo estudios de casos y/o recomendaciones. Piense en quién puede tener el nivel máximo de "capital social" para su audiencia.

Típicamente será alguien con quien sus

clientes potenciales puedan relacionarse como si tuvieran retos y condiciones similares O alguien a quien admirar por haber logrado lo que están tratando de lograr.

Una vez que considere las formas de aumentar el valor percibido de lo que usted proporciona, póngase en el lugar de su cliente. ¿Hay algo acerca de su producto o servicio que usted deja de lado, pero que otras personas encuentran útil? Si no está seguro, encuesta a compradores y clientes satisfechos.

Trabajadores y dueños de negocios, hágase esencial para su equipo demostrándose a sí mismo como un conector. Escuche los asuntos que los individuos requieren y compagínelos con los individuos, productos o servicios que los tienen.

Naturalmente, hágalo para proyectos de trabajo y tareas de oficina adicionales, pero también para asuntos personales.

Por ejemplo, si alguien le habla de un lugar de vacaciones impresionante, y alguien más está planeando su próximo viaje, sugiera que las dos personas hablen sobre ello.

Señale el valor añadido que ya está dando a sus clientes. Tal vez encuentres regularmente pistas que todos los demás extrañan. No asuma simplemente que sus clientes se darán cuenta: señáleselos en un correo electrónico o en una entrada de blog.

En este mercado saturado, un mercado de negocios competitivo y una economía desafiante, hay posibilidades de que la crema suba a la cima. Asegúrese de recordar a los individuos su valor; por qué usted es la crema como empresario.

Encuentre un mentor y un entrenador

Un mentor es una persona con más experiencia en los negocios, o simplemente en la vida, que puede ayudar a un empresario a afinar sus poderes y aconsejarle sobre cómo pilotar nuevos retos.

Un mentor puede ser de gran ayuda para un empresario en una amplia gama de situaciones, ya sea que le proporcione consejos sobre técnicas empresariales, refuerce sus cruzadas en red o actúe como confidente cuando su equilibrio entre trabajo y vida privada se vuelve insostenible. Sin embargo, lo primero que debe saber al buscar un mentor es lo que está buscando en el acuerdo.

Lo que tener un entrenador personal es para tu cuerpo, tener un entrenador puede ser para tu mente. La utilización de un entrenador parece ser la última forma para que algunos individuos puedan salir adelante en el mundo de los negocios de gaga de hoy.

Aprenda de los demás

¿Qué puede hacer su mentor por usted? Determinar qué tipo de recurso necesita es un primer paso imperativo en la búsqueda de mentores. Comenzar con una lista es una buena manera de empezar. Puede que quieras a alguien que sea un gran oyente, alguien con conexiones sociales, alguien con experiencia en, supongamos, marketing, persona accesible.

Lo ideal es que encuentres un mentor con todos estos personajes, pero la realidad es que tal vez tengas que hacer algunos compromisos. Después de contar los personajes que buscas en un mentor, divide esa lista en deseos y necesidades.

El siguiente paso es "hacer una entrevista informativa con muchos candidatos y luego volver a sus estándares de manera que no se deje sorprender por la química y permanezca centrado en su negocio o razones personales para necesitar un mentor". Al juzgar una combinación de las propiedades cualitativas y cuantitativas de cada uno de sus probables mentores, aparecerá un candidato principal.

Tenga en cuenta que puede ser ventajoso tener más de un mentor. Si usted piensa que puede monopolizar demasiado del tiempo de su mentor, entonces varios mentores podrían ser la respuesta.

Los beneficios de tener múltiples mentores es que usted es capaz de obtener una gran variedad de puntos de vista y cuando usted tiene muchos mentores a la vez, si están sentados alrededor de una mesa, la sinergia entre los mentores realmente ayuda a mover su pensamiento a lo largo.

Cómo descubrir a un mentor:

Comience con sus seres queridos y amigos - Cuando busque un mentor, comience cerca de su casa. Muy cerca de casa. De vez en cuando puedes hablar con tus propios parientes o amigos, personas en las que confías, en las que conoces, en las que puedes sentarte y decir 'caramba, ¿qué sientes al respecto?

Piensa en los de tu red ampliada - Si tus amigos y seres queridos ya te dan suficientes consejos no solicitados, y no crees que esa sea la ruta para ti, las opciones que te quedan son individuos que no te conocen tan bien o que no te conocen en lo más mínimo.

¿Cómo se le pide un compromiso tan grande a un extraño virtual? El movimiento de apertura es tomar posesión de su red de contactos. Una palabra positiva de un conocido común puede ser de gran ayuda para que una relación de tutoría tenga un buen comienzo.

Además, no debe elegir un mentor de la noche a la mañana, lo que implica que debe mantener su antena lista para detectar a los posibles mentores en conferencias, ferias comerciales, etc. Reunirse con un futuro mentor en persona ayuda a construir una relación y es posible que desee esperar hasta que se desarrolle esa conexión antes de descartar la pregunta.

Piense en los desconocidos totales - tal vez ninguno de los individuos en su red le parezca muy apropiado para usted. Empieza a investigar un poco. Los perfiles de los dueños de negocios en revistas y periódicos pueden ser la clave para alguien que iguale tu estilo. Pero cuando tienes unos pocos prospectos, avanza con delicadeza.

Descubra todo lo que pueda sobre el probable mentor e intente programar una breve entrevista por teléfono diciendo que tiene unas cuantas preguntas en particular o que, en general, desea obtener información sobre su cerebro.

Usted debe viajar a ellos y, particularmente al

principio, hacer que sea tan fácil para ellos ayudarlo como usted pueda. Al final de la entrevista inicial, si parece que ha ido bien, puede abordar la idea de volver a hablar, ya sea por teléfono o en persona, en algún momento.

Con el tiempo, si se sienten receptivos, usted puede plantear la idea de una relación de tutoría más convencional con parámetros y objetivos más particulares.

Piensa en la rivalidad - Bueno, no en tu rivalidad directa. Por ejemplo, si usted está en la venta al por menor de mangas de viento, alguien que vende cometas no está en rivalidad directa con usted, pero todavía puede tener algunas ideas sobre la industria de productos para exteriores.

Si usted tiene una tienda de ladrillos y mortero, puede incluso llamar a alguien que hace exactamente lo que usted hace en un lugar lejano, suponga que usted está en la ciudad de Nueva York y ellos en Arizona.

Sin embargo, la web está poniendo cada vez más a los minoristas, incluso en diferentes continentes, en una situación de rivalidad, por lo que hay que dar un paso adelante. Una sugerencia diferente sería buscar el consejo de alguien en un negocio más grande que el suyo que puede ser menos propenso a verlo como rivalidad.

Aproveche su campo - sus proveedores, su cámara de comercio local y las publicaciones comerciales relevantes son una gran fuente de posibles mentores. Todos estos son grandes lugares para venir por individuos conocedores, pero ¿cómo encuentras a alguien que coincida con tu estilo personal?

Busque un mentor de la misma manera que las personas buscan profesionales médicos, buscan recomendaciones.

Pague por la tutoría - Pero, ¿qué pasa si tiene una idea increíble de que desea despegar rápidamente, y necesita una rápida sacudida de experiencia? Las grandes mentorías informales se cultivan poco a poco y con frecuencia pueden durar años. Si lo que necesita es un programa de emergencia, puede ser el momento de traer a los consultores.

Las personas en todas las etapas de la evolución profesional necesitan entrenadores que les ayuden. Los directores ejecutivos a menudo utilizan entrenadores para hacer rebotar ideas, los empresarios utilizan a sus entrenadores para ayudarles a pensar estratégicamente sobre el negocio, y los entrenadores ayudan a otras personas a tomar decisiones de carrera.

Piense en el efecto que puede tener al ofrecerse a entrenar a sus socios, empleados y clientes. Usted es capaz de ser un entrenador para las personas que le rodean y ayudarles a lograr sus objetivos de forma más rápida y sencilla.

Los individuos buscan entrenadores para 2 causas básicas:

- Algunos individuos buscan entrenadores que les ayuden a descubrir un equilibrio entre su vida personal y profesional.

- Otras personas quieren que los entrenadores les ayuden a ser más productivos en sus negocios o les ayuden a mejorar sus negocios.

Los individuos ya no buscan respuestas rápidas. Están buscando formas de producir un cambio duradero. El consultor tradicional no produce realmente un cambio duradero. Un coach es una especie de consultor que trabaja con los clientes para crear sus propios cambios duraderos.

El coaching es la siguiente etapa evolutiva de la consultoría. El coaching es una mezcla de negocios, finanzas, psicología, filosofía, transformación y espiritualidad. Ayuda a las personas a obtener más de lo que desean de la vida, ya sea el éxito empresarial, la independencia fiscal, la excelencia académica, el éxito personal, el bienestar físico, las relaciones o la planificación de carrera.

Los entrenadores son cajas de resonancia, sistemas de apoyo, porristas y compañeros de equipo, todo en uno. En resumen, el trabajo de un entrenador es ayudar a otras personas a realizar su potencial total.

Los entrenadores utilizan habilidades de preguntas, estrategias de escucha y motivación para ayudar a las personas a desarrollar las habilidades, el conocimiento y la confianza necesarios para mejorar su vida profesional y personal.

Un coach es un socio colaborador que te ayuda a conseguir cosas. El coaching no es un sustituto de la responsabilidad personal y de la alteración o elección personal

Necesitas un entrenador si:

- Su negocio no está funcionando tan bien como usted desea.

- Sientes que estás trabajando más duro y estás menos gratificado.

- Tu negocio va bien y te estás cansando de trabajar tanto.

- Una gran reducción de personal en su empresa está causando un gran cambio en el entorno de trabajo.

- Crees que tu carrera se está acercando a una meseta.

- Tienes una revisión de rendimiento inferior.

- No eres capaz de moldear y liderar a tu personal.

- No es fácil sacar conclusiones estratégicas.

Un entrenador te da un lugar para tener un poco de perspectiva. Un entrenador es alguien que no está atrapado en todas las cosas del día a día y que puede ver el panorama general.

Pensamientos finales

Una vez que decidí dar seguimiento a mis impulsos empresariales, la conversión de empleado a empresario fue más fácil porque inicialmente desarrollé el espíritu emprendedor mientras trabajaba y utilicé el tiempo para estar atento a las situaciones y formular las habilidades que necesitaría para tener éxito.

Usted también es capaz de hacer la transición a una mentalidad emprendedora y confío en que lo hará.

www.ingramcontent.com/pod-product-compliance
Lightning Source LLC
Chambersburg PA
CBHW070839220526
45466CB00002B/822